DES INSTITUTIONS

DE

PRÉVOYANCE ET DE RETRAITE,

POUR LES CLASSES LABORIEUSES.

PAR M. ORTOLAN,

MEMBRE DU CONSEIL GÉNÉRAL DU COMMERCE, DÉLÉGUÉ DE TOULON.

Janvier 1846.

AU BUREAU

DE LA REVUE DE LÉGISLATION ET DE JURISPRUDENCE,

21, RUE BERGÈRE.

—

1846

EXTRAIT

DE LA *REVUE DE LÉGISLATION ET DE JURISPRUDENCE*,

Publiée sous la direction de MM. TROPLONG, conseiller à la Cour de cassation; CH. GIRAUD, inspecteur-général des Ecoles de droit; ÉD. LABOULAYE, avocat à la Cour royale, membres de l'Institut; FAUSTIN-HÉLIE, chef du bureau des affaires criminelles; ORTOLAN, professeur à la Faculté de droit de Paris, et WOLOWSKI, professeur au Conservatoire des arts et métiers.

Livraison de Janvier 1846.

Imprimerie de HENNUYER et Cⁱᵉ, rue Lemercier, 24. Batignolles.

DES INSTITUTIONS

DE PRÉVOYANCE ET DE RETRAITE

POUR LES CLASSES LABORIEUSES.

———

L'étude des institutions de cette nature, de ce que nous possédons déjà et de ce que nous pourrions avoir à créer en ce genre, était confiée aux Conseils généraux de l'agriculture, des manufactures et du commerce, dans leur récente session. Membre et rapporteur de la Commission du Conseil général du commerce [1], éclairé par toutes les lumières qui sont sorties des travaux de cette Commission, par les documents qui lui ont été fournis, par les investigations auxquelles elle s'est livrée, et par les débats qui ont eu lieu, je crois utile de formuler ici, avec quelque développement, l'opinion qui s'est arrêtée dans mon esprit à la suite de cette sérieuse élaboration.

Ce n'est pas comme une question philosophique, mais comme une question pratique, immédiatement réalisable dans sa solution, que le problème a été présenté aux Conseils, et que je le traiterai.

On a dit et écrit bien souvent que nos révolutions n'ont été que des révolutions bourgeoises, qu'elles n'ont profité qu'à la classe bourgeoise, à la seconde couche sociale. Ces assertions ne m'ont jamais paru exactes ; je ne connais plus de diplôme de bourgeoisie parmi nous, plus de noblesse, si ce n'est à titre honorifique, plus de couches diverses dans la société ; notre grande gloire sera d'avoir établi l'unité de tous aux yeux de la loi.

[1] Cette Commission était composée de MM. F. Delessert, *président*, d'Eichtal, Louis Reybaud, Arlès-Dufour, Reverchon, Isaac Kœchlin, Randoing, Chavanes, Devinck, et Ortolan, *rapporteur*. M. Legentil, président du Conseil général du commerce, s'est constamment adjoint à ses travaux.

Mais s'il n'y a plus entre nous de différences en droit, il en existe en fait ; ce n'est plus l'esprit de caste, c'est l'économie politique qui nous divise.

On dit aujourd'hui, et nous dirons nous-même quelquefois, faute d'autres termes, la classe *laborieuse*, la classe *des travailleurs* : serait-ce par opposition à une autre classe qui serait la classe oisive ? Non certes ; les commerçants, les manufacturiers, les hommes publics, dont se composent les Conseils généraux, savent s'ils mènent une vie oisive ou une vie laborieuse. L'oisiveté est un vice et un malheur exceptionnels pour celui qui en est atteint ; le travail est le lot de tous. Ce n'est pas le travail, c'est le capital qui nous divise.

En effet, il y a des hommes qui ont le bonheur d'avoir à eux une avance, un capital : ou moral et intellectuel, par les qualités, par le talent, par le génie dont ils sont doués, par l'éducation, par l'instruction qu'ils ont reçues ; ou matériel, par les valeurs dont ils peuvent disposer. Mais il en est d'autres qui n'ont ni l'un ni l'autre de ces capitaux, ou qui ne les ont que dans une proportion bien insuffisante ; dont le seul avoir consiste dans la faculté de travailler ; qui ne vivent que d'un labeur de chaque jour, ordinairement manuel : qu'ils soient dans les champs, dans les villes, ou dans les fabriques, hommes ou femmes, peu importe, ce sont eux qu'on appelle la classe laborieuse par excellence.

Si, par une raison quelconque, par la maladie, par l'infirmité, par la morte-saison, par la mauvaise conduite, le travail cesse, ils souffrent ; si par la vieillesse le travail devient impossible, ils souffrent. Le travail, étant leur unique ressource, ne peut être suspendu ou brisé sans qu'ils souffrent.

De là cette nécessité, ce devoir social : ou de venir à leur secours avec les ressources d'autrui, charité aumônière, honorable mais triste assistance ; ou de les relever, de les fortifier, de les aider à acquérir, à augmenter leur capital moral et intellectuel, à se créer eux-mêmes, par le travail quotidien, un petit capital matériel.

La tendance actuelle de tous les esprits généreux se dirige

vers ce résultat. Par les efforts privés, par le concours de l'administration et de la loi , on cherche, on essaye, on fonde des institutions qui peuvent y conduire. Mais il ne faut pas que ces institutions s'arrêtent à mi-chemin ; depuis le berceau jusqu'à la vieillesse, jusqu'au dernier jour, il faut qu'elles suivent le travailleur.

Pour le berceau, l'idée de la crèche, qui commence à se produire ; pour l'âge où la lisière est détachée, où les petites forces s'essayent, l'asile ; pour celui de l'éducation et de l'instruction générales, les écoles primaires ; pour celui de l'instruction professionnelle, tout ce que nous avons à créer : voilà des points essentiels pour la sollicitude publique. Il s'agit, dans toute cette période, de constituer au travailleur à venir un capital moral et intellectuel. Combien cette tâche n'est-elle pas importante ! La Chambre de commerce de Toulon, dont je suis le délégué, m'avait chargé d'appeler l'attention du gouvernement sur la nécessité de fonder largement en France l'instruction professionnelle, l'instruction industrielle et l'instruction agricole surtout. Mais tout cela n'appartient pas au sujet actuel. Nous nous occupons exclusivement ici de l'âge viril , avec tous les accidents qu'il offre ; de l'âge de la vieillesse, avec l'affaiblissement qu'il amène ; et des moyens propres à aider l'homme qui ne vit que de son travail, à se créer lui-même un petit capital matériel.

La qualité essentielle, la qualité prédominante à donner à cet homme, c'est la prévoyance. L'ouvrier, par sa condition même, est imprévoyant ; précisément parce qu'il ne vit qu'au jour le jour, il s'habitue à ne pas regarder au delà : c'est son état ; cela devient sa nature. C'est par la raison inverse, que nous voyons quiconque a un capital être plus soigneux, s'efforcer de l'augmenter, et que les plus riches sont ordinairement les plus économes. Il faut habituer l'ouvrier à songer à l'avenir ; à se créer, par ses faibles économies , quelques ressources futures : pour cela il faut lui offrir un emploi sûr, commode, qu'il ait toujours sous la main. Le travailleur agricole cache , enfouit , grossit chaque semaine un petit trésor, jusqu'à ce qu'il ait réalisé son rêve, l'achat d'un coin de terre qu'il convoite ; le travailleur industriel , si on ne lui donne rien en perspective , dépense et dissipe.

Plusieurs institutions existantes tendent à favoriser, dans les classes laborieuses , cet esprit de prévoyance dont je viens de parler. Est-il nécessaire de les compléter? Quelles autres institutions convient-il d'y ajouter? Telle est la question.

Au premier rang de ces établissements existants se placent les caisses d'épargne. Immense bienfait réalisé , qui sert à l'homme laborieux à se constituer par l'épargne, jusqu'à une somme donnée , un petit capital toujours à sa disposition. On met, on retire ses économies quand on veut : mobilité qui a ses avantages, mais aussi ses inconvénients. L'ouvrier peut les retirer pour un emploi utile, pour une nécessité imminente ; mais il le peut aussi par panique sans motif, par imitation machinale, comme ceux qui, venus pour faire un dépôt, et voyant que la queue des personnes qui veulent reprendre leur argent est considérable, qu'elle s'allonge de plus en plus, quittent bien vite la leur et se hâtent de se placer à celle qui est la plus longue ; il le peut, comme nous l'avons vu malheureusement dans ces derniers jours, pour aller jeter et perdre en un tour de main ce fruit pénible de son travail, dans les jeux de hausse et de baisse qu'il ne connaît même pas! D'ailleurs, du moment que ce capital a atteint le chiffre fixé (1,500 fr.), il ne peut plus l'accroître ; il faut qu'il le retire et qu'il en cherche le placement. Heureux si ce placement tourne à bien !

Est-ce à dire que nous attaquions les caisses d'épargne, que nous ayons la pensée de nuire à leur développement? A Dieu ne plaise ! Elles servent bien, elles servent très-bien au but pour lequel elles ont été fondées. Mais à côté d'elles n'y a-t-il pas d'autres institutions à placer? A côté de ce but n'y a-t-il pas un autre but à poursuivre, de manière à donner le choix entre l'un et l'autre, ou même (ce qui vaut mieux encore) la faculté de les réunir? C'est là ce qu'il faut décider.

Les caisses d'épargne ne lient pas l'ouvrier fortement à l'épargne; elles ne peuvent que le garantir imparfaitement, en cas de maladie, de blessures, de malheurs accidentels de toute sorte; elles sont impuissantes pour assurer sa vieillesse. En cas de maladie, d'accident, s'il est obligé de recourir à son épargne, il la réduit, il l'épuise, il n'a plus rien, peut-être avant que la maladie ait cessé! En cas de vieillesse, où est sa garantie, la certitude sur laquelle il peut se reposer?

Les motifs qui font que l'épargne déposée à ces caisses est insuffisante contre la perspective de pareils besoins, c'est qu'elle est individuelle, réduite aux forces d'un seul homme. Pour rendre la prévoyance, pour rendre l'épargne plus féconde, plus puissante, il faut l'unir à cette double idée : *l'association*, *l'assurance*. L'association, où les ressources des associés sont employées à secourir celui qui souffre; l'assurance, qui n'est qu'une dépendance de l'idée d'association, où le malheur d'un seul est réparti sur tous, réparé à l'aide de la contribution de tous.

Ces associations ou assurances doivent-elles être privées? doivent-elles être publiques? formées sous le patronage de l'Etat et garanties par lui? C'est ce qu'il nous faut examiner.

Ici, qu'il me soit permis de débarrasser la question d'un élément qui n'a pas le droit de venir s'y mêler, que je n'y ai vu figurer qu'à ma grande surprise, à mon grand regret; qui n'a pas craint de réclamer, en propres termes, *un privilège*, une sorte de monopole : je veux parler des entreprises, des spéculations d'assurances ou de tontines sur la vie.

Il existe à Paris douze ou quinze de ces tontines. Elles ne peuvent se former qu'avec l'autorisation préalable de l'Etat, et elles sont surveillées par des commissaires spéciaux. Mais elles puisent, dans ce fait même, une amorce pour le public; semblables à ces *brevetés*, auxquels une loi impose l'obligation d'ajouter *sans garantie du gouvernement*, et qui inscrivent le mot *sans* d'une manière tellement illisible et perdue, qu'ils se font toujours de leur brevet une sorte de garantie gouvernementale. Et cependant, si c'était ici le lieu d'examiner les combinaisons si variées de ces tontines, il serait facile de montrer combien plusieurs de ces combinaisons sont déplorables, et jusqu'à quel point est poussé le charlatanisme d'un grand nombre de leurs annonces [1].

Je me bornerai à dire qu'il n'est pas question, dans notre problème, de spéculations, mais d'institutions désintéressées, moralisatrices, et vivifiées par un haut intérêt d'humanité : les entreprises de tontines, auxquelles les ouvriers sont heureusement restés étrangers, vers lesquelles il serait funeste de les diriger, n'ont rien à voir ici.

Mais il existe des associations particulières de secours mutuels entre ouvriers ou autres personnes de la classe laborieuse : on en compte à Paris plus de 250, offrant près de 25,000 associés. La Société philanthropique s'est constituée comme le centre de ces associations ; il s'en est établi de semblables dans les départements, surtout dans les villes manufacturières. Ces associations, si intéressantes, suffisent-elles au but proposé ? Qu'y a-t-il à faire pour elles ? Est-il nécessaire d'y ajouter une autre institution plus générale, une caisse de retraite sous la garantie de l'Etat ?

Les uns disent à ce sujet : « Il n'y a rien à faire. » D'autres portent toute leur préoccupation sur la fondation d'une caisse générale de retraite. D'autres enfin disent : « Les associations mutuelles suffiront à tout ; il ne reste qu'à les développer. »

Ma conviction bien profonde, à moi, est qu'on ne pourra réussir qu'en réunissant les deux intérêts, qu'en créant ou en développant à la fois la caisse générale de retraite et les associations mutuelles ; que l'une est imparfaite et ne peut aller

---

[1] L'autorisation de tontines par petits groupes, et l'admission inconcevable de mises inégales, fait de plusieurs de ces combinaisons de véritables loteries. Quant aux prospectus, pour n'en citer qu'un exemple, on a vu une de ces entreprises annoncer, après quatre ans d'existence, qu'elle a donné 160 capitaux pour un ! (Voir *le Commerce* du 16 janvier 1845.)

sans les autres; enfin, que la solution du problème ne peut se trouver que dans leur concours.

En effet, il s'agit de garantir celui qui ne vit que de son travail contre deux sortes de maux bien distincts : les impossibilités accidentelles de travail, que la maladie, les blessures, des infirmités ou d'autres causes analogues peuvent produire; et l'impossibilité générale, continue, à laquelle nul, s'il vit, ne peut se soustraire, celle qu'amène la vieillesse. Les premières demandent des secours temporaires; la seconde, des secours continus, jusqu'au terme de la vie, une pension viagère, une retraite.

Les secours temporaires sont quotidiens, faciles à calculer, embrassant une période de temps peu longue, demandant un fonds peu considérable, comportant un nombre d'associés peu étendu, réclamant une surveillance, une sollicitude intimes, des visites personnelles, et une gestion, pour ainsi dire, de famille.

La retraite ou pension viagère est assise sur des chances difficiles à calculer, embrassant un temps indéfini, exigeant, pour qu'on puisse approcher de la rectitude, un très-grand nombre d'associés, avec un fonds et un service considérables; sans les détails d'une surveillance individuelle, mais avec la nécessité d'une gestion large, étendue, et d'une garantie puissante.

Qui ne voit à l'instant que les associations mutuelles entre ouvriers, admirablement propres à assurer, à distribuer les secours temporaires, sont impuissantes pour les pensions de retraite; et qu'à l'inverse, l'Etat, impropre au premier service, est seul posé assez haut, assez fortement, pour généraliser et garantir l'institution des pensions de retraite?

Cependant, en l'absence d'un autre recours, la plupart des associations mutuelles de secours comprennent, dans leurs statuts, l'assurance d'une pension viagère pour la vieillesse; nous avons ces statuts sous nos yeux, presque tous contiennent une semblable disposition. Mais, hélas! il est impossible qu'elle soit réalisée : la Société paraît prospérer dans le commencement, quand elle est récente, quand elle reçoit des primes sans avoir

encore de pension à payer ou n'en ayant que peu ; alors le capital qu'elle a accumulé est convoité ; le désir de se dissoudre,
afin de se le partager, arrive ; ou bien, à mesure qu'elle vieillit,
elle se trouve obérée de plus en plus ; elle ne peut payer les
pensions qu'en partie ; elle ne les paye plus ; elle se liquide :
c'est l'histoire de beaucoup d'entre elles ; ce sera, à peu d'ex-
ceptions près, au bout d'une certaine période de vie, l'histoire de
toutes. Le service des pensions est pour elles une cause de dis-
solution, d'embarras financiers et finalement de ruine.

C'est donc à une institution générale, placée sous le patronage
de l'Etat, qu'il faut songer pour ce dernier objet. Cette institution,
est-il moral, est-il utile, est-il opportun de la créer ?

La caisse générale de retraite, dont il faut ici laisser de côté
les détails, qui seront à étudier, à combiner, à organiser avec
maturité, la caisse générale de retraite a été proposée aux Conseils généraux de l'agriculture, des manufactures et du commerce, sur les bases les plus simples, les plus praticables, les
moins propres à alarmer ceux qui se préoccupent avant tout de
ne grever le budget d'aucune dépense.

Il ne s'agit pas de doter la caisse aux frais de subventions
municipales, ou départementales, ou générales ; la retraite sera
acquise par l'ouvrier lui-même, au moyen de ses épargnes successives et continues ; la pension sera fixée d'après des tarifs
calculés sur les chances de mortalité et sur l'accumulation pro-
gressive du capital et des intérêts ; toutes les personnes, hommes
et femmes, seront admises à se la constituer ; mais pour éloi-
gner ceux qui ne doivent pas profiter des facilités ouvertes aux
classes qui ne vivent que de leur travail quotidien, le *maximum*
en sera fixé de manière à ne pouvoir jamais dépasser les besoins
alimentaires de ces classes.

Dans ces termes mêmes, cette institution a été repoussée
dans le cours des débats par trois objections : on a dit qu'elle
est immorale, impolitique et dangereuse pour l'Etat, enfin illusoire et désavantageuse pour les ouvriers. Un illustre orateur,

M. de Lamartine, a puisé dans la première de ces objections le sujet d'une belle improvisation, qui ne nous a laissé qu'un regret, c'est que cette parole puissante ne fût pas, dans cette occasion, employée, comme la parole de Dieu, à créer, au lieu d'être employée à détruire ou à empêcher.

L'institution est immorale, a-t-on dit, car elle repose sur un placement viager, à fonds perdu, qui a son principe dans l'égoïsme, qui déshérite la famille, qui en détruit l'esprit ; qui prend sur la part de la femme et des enfants pour faire un sort au mari ; qui, une fois le titulaire mort, laisse la femme et les orphelins sans ressource.

Nous admettrons tout cela pour le placement viager d'un capital important ; pour cette combinaison qui permet à un homme d'accroître ses jouissances, de transformer l'aisance en luxe, de dévorer à la fois, jour par jour, son fonds avec son revenu, de telle manière que sa fortune n'ait profité qu'à lui seul et qu'elle s'éteigne avec lui. Mais comment la pensée peut-elle venir d'en dire autant du placement successif de minimes retenues, faites volontairement et avec persévérance sur le salaire de chaque semaine ; dont le chiffre ne doit pas dépasser la somme de 1 fr. 50 cent., ou de 4 fr. par mois ; qui iraient se perdre le plus souvent, sans cette louable prévoyance, en de condamnables dissipations ; et qui ont pour but d'assurer, quoi ? une pension alimentaire, le strict nécessaire au chef de famille, quand il sera devenu vieux et incapable de continuer son labeur ? N'est-ce pas là un intérêt de famille ? n'est-ce pas une chose d'éternelle justice, que le fruit du travail accompli dans l'âge viril donne du moins la nourriture au travailleur devenu vieux ? Et quel esprit de famille, quelle sorte d'affection ou de désintéressement prétend-on inspirer à cette femme et à ces enfants, lorsqu'on veut les pousser à disputer, comme une fraude qui leur aurait été faite, cette dernière nourriture du vieillard, acquise, goutte par goutte, à la sueur de son front !

Mais si ce reproche d'égoïsme et d'immoralité est vrai partout, il est vrai dans ces associations mutuelles entre ouvriers, que chacun s'accorde à trouver si méritantes et à vouloir encourager ; il est vrai pour la caisse générale des invalides de la marine ; il est vrai dans toutes nos administrations publiques, où chaque fonctionnaire, au moyen de retenues successives, acquiert des droits à une pension de retraite.

Oh ! que les choses sont loin heureusement de se passer comme on le dit ! que le sentiment de la famille est bien au-dessus de la peinture qu'on en veut faire ! Ces pensions de retraite, acquises par des retenues, sont considérées comme un bienfait dans le ménage ; la femme et les enfants se reposent sur cette perspective ; le chef de la famille est à l'abri pour ses vieux jours, tout le monde l'est pour lui et avec lui ; et vous entendrez toutes les femmes dont le mari ne jouit pas de cet avantage, vous dire : « Hélas ! dans l'emploi de mon mari, il n'y a pas de pension de retraite ! » « Au commencement, nous ont dit les ouvriers que la Commission dont j'avais l'honneur de faire partie a interrogés, au commencement, nos femmes nous détournaient des associations mutuelles de secours et de retraite ; aujourd'hui elles nous engagent, elles nous poussent à y entrer. »

Remarquez qu'à l'époque de la vieillesse, les enfants du travailleur sont forts et travaillent à leur tour ; la femme est la seule dont on doive se préoccuper : qui a dit que la loi n'y pourvoira pas ? que, soit par des placements collectifs, soit par une reversibilité, totale ou partielle, soit par tout autre moyen, le meilleur qui se puisse trouver, elle ne fera pas nécessairement profiter la femme, pour sa part, de la sécurité donnée au mari ? C'est dans cette voie que la loi doit entrer, et nous sommes certains qu'elle le pourra parfaitement. La caisse de retraite, d'ailleurs, sera ouverte à tous les travailleurs, sans distinction de sexe.

Quelle est, malheureusement, dans la classe qui nous occupe, la situation des vieillards devenus incapables de travailler ? Les enfants ne se cotisent qu'à grand'peine, ou avec répugnance, pour subvenir imparfaitement à leurs besoins. Ils sont dans la famille une cause de privation, une charge ; peu soignés, trop souvent abandonnés : avec leur pension alimentaire, au contraire, ils y apporteront une sorte d'aisance, ils y seront utiles jusqu'à leur dernier moment, ils y recevront les soins qui ne devraient jamais leur manquer. Pour produire cet heureux effet, pour prévenir un déplorable abandon , il a suffi plus d'une fois d'un faible secours de huit francs par mois, alloués à un vieillard : c'est un fait que le témoignage de plus d'un maire de Paris nous a révélé.

Loin de détruire les liens de famille, l'institution aura donc pour effet direct de les resserrer.

Mais elle est immorale, ajoute-t-on, sous un autre rapport : elle n'est qu'un jeu sur la vie ou sur la mort; l'ouvrier joue contre des ouvriers malheureux comme lui ; et ceux qui survivent ne doivent le chiffre de leur pension qu'aux sommes perdues par ceux qui sont morts. On méconnaît ici un des grands bienfaits de l'association. A ce compte, toute association pour se secourir mutuellement est un jeu, toute assurance est un jeu, toute combinaison qui a pour objet de mettre en commun des chances de besoins, afin de créer, par les forces réunies, la possibilité d'y satisfaire, toute combinaison semblable est un jeu où chacun court le risque de perdre, et qu'il faut proscrire comme immoral ! Est-ce là de l'esprit de fraternité ? Et, sans le vouloir, ne se jette-t-on pas en entier dans l'égoïsme qu'on reproche à l'institution ? Nous voudrions bien qu'il fût possible à l'ouvrier d'acquérir le droit à sa pension par ses seules forces, par des dépôts dont il ne perdrait jamais la propriété, dont le capital devrait toujours être rendu à lui ou à ses héritiers; quelques-uns l'ont proposé; c'est là, précisément, l'épargne individuelle : or, l'épargne individuelle est impuissante; jamais l'ouvrier avec cette seule épargne ne pourrait atteindre au but proposé ; l'épargne collective offre seule le moyen d'y parvenir. L'incertitude, du reste, ne porte en rien sur le chiffre de la pension que l'ouvrier peut espérer : s'il arrive à l'âge fixé, ce chiffre précis lui est garanti.

L'institution, loin d'être assise sur une pensée d'égoïsme, est donc destinée à resserrer les liens de la famille et de l'humanité; loin d'être immorale, sans compter même les habitudes d'ordre, de prévoyance, de conduite régulière qu'elle développera dans la classe ouvrière, elle est donc empreinte d'une haute moralité.

La seconde objection soulevée contre le projet par ceux qui le repoussent, c'est que ce projet serait impolitique et dangereux pour l'État. En définitive, a-t-on dit, que contient-il? Une assurance à primes, ou une sorte de spéculation qu'on veut faire faire par l'État. Dans l'impossibilité absolue de calculer les tarifs avec une exactitude rigoureuse, l'État perdra ou gagnera : s'il perd, où s'arrêter? S'il gagne, quel gain odieux! Le ministre des finances a répondu à cette objection : Les tarifs pourront toujours être révisés par la loi, en cas de perte comme en cas de gain, sans effet rétroactif sur les contrats antérieurs ; s'il y a eu perte, elle cessera ; s'il y a eu excédant, cet excédant sera employé au bénéfice et dans l'esprit de l'institution elle-même.

— « Mais la prime apparaîtra à l'ouvrier comme une sorte de contribution ; mais toute obligation de l'ouvrier à échéance fixe envers l'État est dangereuse ; mais dans un moment de crise commerciale ou politique, la caisse sera assiégée ; celui qui n'y aura rien versé demandera une pension comme lui étant due ; celui qui y aura versé demandera son remboursement immédiat. » — Est-il nécessaire de combattre de telles chimères ? Et croit-on la classe laborieuse assez dépourvue de sens commun, pour avoir, même en cas de fermentation, des prétentions pareilles ? L'ouvrier pourra-t-il se croire contribuable de l'État, obligé à échéance fixe, quand tout est volontaire de sa part, et dans son unique intérêt ; quand il pourra même cesser le versement de ses primes, sa pension devant alors être calculée à raison des payements déjà effectués ? Ces réclamations armées, ce siége général des caisses de retraite ne sont que des fantômes. Ce qui reste vrai, c'est l'intérêt national, le haut intérêt politique qu'il y a à lier la fortune de l'État à celle de toutes les classes de la population, à créer entre ces classes et l'État une puissante solidarité, une étroite communauté d'intérêts.

On insiste : Quels embarras, dit-on, donnés à l'État par une gestion pareille! l'administration des finances a déjà des difficultés si compliquées, comment songer à lui en créer de nouvelles !

S'il s'agissait d'une organisation générale, qui dût opérer tout d'un coup, à la fois sur tous les points du territoire et à l'égard de toutes les personnes, on concevrait cette objection ; mais il n'en est pas ainsi : il s'agit d'une organisation assimilée à celle des caisses d'épargne. L'État ne figurera véritablement dans cette organisation que comme centre et garantie supérieure. Les caisses de retraite seront établies successivement, dans chaque localité, à mesure qu'elles y seront désirées ; les notabilités industrielles et financières, les municipalités, les administrateurs éclairés, les mêmes hommes, en un mot, qui ont donné leur concours pour le succès et la propagation des caisses d'épargne, le donneront également pour les caisses de retraite ; l'administration en sera gratuite et honorifique ; l'éducation du peuple relativement à cette institution sera plus lente encore qu'elle ne l'a été pour les caisses d'épargne ; et les versements, peu nombreux d'abord, ne se multiplieront qu'avec le temps.

Au point de vue de l'intérêt de l'État, comme au point de vue de la morale, loin que le projet doive être repoussé, tout milite donc pour son adoption.

Reste le dernier ordre de considérations, celui tiré de l'intérêt des ouvriers. Le projet, a-t-on dit, est désavantageux et illusoire pour eux.

Remarquons d'abord que rien ici n'est forcé ; tout est volontaire, tout est libre et spontané ; il suffirait de vouloir contraindre à recourir à l'institution, pour qu'à l'instant même elle fût décréditée et impossible.

— « Mais l'ouvrier ne peut ainsi thésauriser, retenir sur un salaire déjà insuffisant la prime qu'il devra verser ; il ne peut prendre pour un aussi long temps un engagement aussi régulier ; la caisse sera appelée *caisse de retraite pour la classe laborieuse*, et ce sera vraiment une caisse pour la classe aisée ; si l'ouvrier s'arrête, s'il suspend le payement de sa prime, et combien de causes accidentelles ne viendront pas l'y forcer! que deviendront les versements qu'il aura faits? »

A tout cela, quelques réponses de bon sens : La pension devra être limitée, dans son taux le plus élevé, à une somme telle qu'elle ne dépasse jamais les besoins alimentaires des classes à qui elle est destinée ; il devra en être établi divers taux, au choix de celui qui voudra se la constituer, afin que l'institution se plie aux facultés les plus étroites des classes laborieuses ; le payement des primes, comme celui de la pension, devra se diviser mois par mois, et pourra même l'être semaine par semaine à l'aide du concours de quelques intermédiaires : les retenues à faire ainsi sur les salaires se renfermeront, au gré du contractant, dans la limite de 1 fr. 50 c. à 4 fr. par mois tout au plus. Il n'est pas un de nos ouvriers, nous ont dit les manufacturiers de diverses villes, qui ne soit à même de s'imposer ce prélèvement, bien inférieur à celui qui va se perdre en une journée de dissipation. On a remarqué trop souvent que pour un grand nombre d'ouvriers, l'augmentation de salaire, si un emploi de prévoyance n'y est pas assigné, tourne en oisiveté, en ivrognerie ; il y a plus, on a remarqué que l'ouvrier, fort souvent, règle son travail et le salaire qu'il veut en obtenir, sur la dépense strictement nécessaire à son entretien ; quand cet entretien lui paraît assuré pour quelques jours, il quitte l'atelier, il chôme, jusqu'à ce que le besoin le ramène au travail [1]. Offrez-lui une économie incessante et nécessaire, dans laquelle il s'engage pour assurer son avenir, ce sera pour lui tout profit. Quant à la suspension du payement des primes, outre qu'un certain délai à déterminer par la loi, et d'autres recours dont nous allons parler tout à l'heure doivent y pourvoir, il n'y aura jamais, dans aucun cas, de confiscation ; à l'échéance fixée primitivement

[1] Ainsi, chez les ouvriers carrossiers de Paris, la paye se faisant tous les mois, il est d'usage commun que durant toute la semaine qui suit cette paye on ne travaille pas. Si vous visitez pendant ce temps les ateliers, vous les trouverez presques vides.

pour l'ouverture de sa pension, l'ouvrier en recevra toujours une, calculée à raison des versements qu'il aura effectués.

Ajoutera-t-on que les ouvriers n'ont pas confiance dans la garantie de l'Etat ? Pour ceux qui n'auront pas cette confiance, il suffira de s'abstenir. Mais combien le fait est contraire à la réalité ! Avec leur jugement si droit, tous sentent instinctivement qu'il n'est pas de négociant, qu'il n'est pas de compagnie financière, si honorables qu'on les suppose, qui, pour une opération de cette nature, offrent une solvabilité comparable à celle du Trésor public ; tous déclarent que, pour l'assurance de leur pension de retraite, ils n'auraient de confiance pleine et entière que dans la garantie de l'Etat. On parle de banqueroute, de réduction de rente, on cite de fâcheux souvenirs : mais quel est le gouvernement quelconque qui pourrait, à moins de vouloir se suicider immédiatement, faire banqueroute à l'épargne, à la pension de retraite acquise si péniblement par l'ouvrier ? Il le voudrait, que, dans l'intérêt de sa propre conservation, ce lui serait impossible.

Du reste, à toutes ces objections tirées de l'intérêt et du sentiment des ouvriers, il y a une réponse générale et frappante : ce sont les tentatives faites par les ouvriers eux-mêmes pour se constituer des pensions de retraite à l'aide de leurs associations mutuelles ; c'est la persévérance d'économie qu'ils mettent dans ces associations, malgré l'impossibilité réelle où elles sont d'atteindre avec certitude, dans leur petite sphère, à un pareil résultat ; c'est la déclaration unanime de tous les syndics que nous avons entendus, et des membres de leurs sociétés qu'ils ont tous consultés, et des conseils de prud'hommes, et d'une multitude d'organes des professions diverses, tous d'accord pour appeler comme un grand bienfait l'institution projetée, sachant très-bien la nature de cette institution et la continuité de modiques économies qu'elle exigera d'eux [1].

[1] La Commission du Conseil général du commerce a consacré deux séances à entendre quelques personnes qui pouvaient lui donner d'utiles renseigne-

Enfin, la caisse de retraite offrira même un noble moyen de rémunération pour les travailleurs qui auront bien mérité de leur patron ou du pays. Il sera permis, à titre de récompense ou de bienfait, d'y constituer, par le payement d'une somme unique, une pension de retraite au profit d'une personne désignée ; et comme on donne un livret de la caisse d'épargne, on donnera un livret de la caisse de retraite : assurance bien plus certaine pour le donateur et pour le donataire ; car le capital de la caisse d'épargne se retire et se dissipe au gré de celui à qui il est donné, la caisse de retraite garantit irrévocablement l'avenir. Ainsi, le manufacturier, le chef d'établissement, le maître de maison, auront un moyen de récompenser dignement et sûrement le travail, la probité, la fidélité, les services rendus. Dans ma pensée même, on devra arriver à ériger la caisse de retraite en établissement susceptible de recevoir par donation ou par testament. Les libéralités dirigées vers ce but ne manqueront pas, et les fonds, ainsi constitués, serviraient à la fois à la distribution d'encouragements aux associations mutuelles de secours et à la délivrance de semblables

ments, et notamment les syndics ou délégués des principales associations de secours mutuels, à qui elle a adressé une série de questions rédigées d'avance par écrit. Ces séances ont été vraiment intéressantes ; et les réponses unanimes sur le prix que ces délégués et leurs sociétaires attachent à la fondation d'une caisse générale de retraite sous la garantie de l'État, l'opinion de ces ouvriers, clairement motivée et déduite des faits pratiques de leur expérience, ont été de nature à faire une vive impression. La Commission a reçu aussi en communication les demandes, dans le même sens, de plusieurs Conseils généraux de département, Conseils d'arrondissement, Chambres de commerce, Conseils de prud'hommes ; et en dernier lieu, celle des prud'hommes de Lyon, qui ajoutent que si le temps l'avait permis, leur pétition serait couverte des signatures de toute la grande famille industrielle de cette ville. Personnellement, il m'est venu la connaissance certaine de plusieurs ateliers de Paris, grands ou petits, dont quelques-uns de femmes, où les ouvriers et les ouvrières n'attendent que l'établissement de l'institution projetée pour commencer les petits versements destinés à se créer une retraite ; et où ils s'enquièrent avec sollicitude de l'état du projet et de ses chances de réalisation.

pensions de retraite. Un garçon de ferme a-t-il gagné des prix
dans les Comices agricoles, un homme de dévouement a-t-il,
contre les flots, contre la flamme, obtenu des médailles de sau-
vetage, leurs vieux jours seront assurés.

En résumé, le projet d'une Caisse générale de retraite est
donc à la fois moral, utile à l'Etat et avantageux aux classes
laborieuses.

Cependant j'ajouterai, avec toute la chaleur d'âme et de conviction dont je suis susceptible, que la loi sera imparfaite si
elle s'arrête là; il est un complément forcé, nécessaire, qu'elle
demande. Pour qu'elle devienne efficace, facile à exécuter et
populaire, il faut qu'elle comprenne ce qui concerne les associations de secours mutuels entre ouvriers, et qu'elle serve à
rattacher une institution à l'autre. L'établissement des caisses
de retraite ne fera du bien que dans un temps donné; il s'agit
d'en faire immédiatement.

En effet, avant de pourvoir à l'avenir, il faut pourvoir au
présent; avant les besoins de la vieillesse viennent les besoins
et les accidents de l'âge viril. Or, si l'Etat est seul habile à
assurer les pensions de retraite, il est inhabile pour la garantie
et la distribution des secours qu'exigent la maladie, les blessures, même les infirmités précoces, ou les autres accidents
amenant une impossibilité momentanée de travail. Ce sont là
des nécessités variables, qui échappent au calcul général; elles
ne peuvent être bien reconnues et bien soulagées que par les associations de secours mutuels; et là elles peuvent l'être admirablement.

Une des belles qualités des ouvriers, une de leurs vertus les
plus communes, est cette disposition spontanée à se secourir
mutuellement, cette générosité générale qui les pousse non-
seulement à s'entr'aider, mais à courir à l'aide de quiconque
a besoin d'eux. Cultivez cette belle qualité, aidez-la, éclairez-
la, pour qu'elle fasse le plus de bien possible.

Mais les associations de secours entre ouvriers demandent une certaine latitude, une certaine liberté de mouvement. Sous la sauvegarde des autorités locales, sous la condition de l'autorisation préalable de leurs statuts, il faut que les ouvriers puissent rédiger leurs conventions, nommer leurs délégués, visiter leurs malades, gérer eux-mêmes leurs affaires. Il faut que la loi, que l'administration, protégent, encouragent, conseillent, ou aident au besoin; mais en consacrant, en garantissant cette liberté de gestion dans le bien qu'il s'agit de faire [1]. Il faut que les ouvriers soient convaincus que l'établissement de la caisse de retraite, loin de nuire à leurs associations mutuelles de secours, doit aider au développement et à la prospérité de ces associations; et que le recours à cette caisse, qu'il ait lieu individuellement ou par association, sera toujours un acte libre et facultatif de leur part.

Cela posé, les associations de secours mutuels deviendront librement, volontairement, les auxiliaires les plus influents et les plus utiles pour constituer ces pensions de retraite qu'il leur est impossible d'assurer elles-mêmes. Elles la promettent ordinairement cette pension, mais elles ne peuvent la réaliser en toute sécurité; elles y parviendront en versant régulièrement, comme intermédiaires, pour chacun de leurs membres ou pour ceux qui y consentiraient, les primes voulues à la caisse de retraite; tandis qu'elles ne garderont dans leur propre mission que la distribution des secours temporaires, avec les fonds qui doivent y pourvoir.

[1] Un désir que les délégués des associations mutuelles de secours ont généralement exprimé, est celui d'un local convenable, que les autorités mettraient à leur disposition pour leurs séances. Il est plusieurs autres points sur lesquels on pourrait leur venir en aide utilement, ou leur donner de bonnes instructions pour faire disparaître plusieurs défauts qui se remarquent dans ces associations. Ainsi, chez quelques-unes d'entre elles, l'intérêt financier de la société se fait trop sentir dans la rigueur qui préside à l'admission des membres nouveaux et à la vérification des cas de maladie à secourir. La caisse gagne sans doute à ce qu'on repousse ceux dont la constitution est faible, ou l'état maladif, ou la profession plus exposée à mal; mais l'esprit d'assistance mutuelle y gagne-t-il?

Au moyen de ce concours, les dernières objections pratiques contre l'établissement de cette caisse s'évanouissent jusque dans leurs moindres détails. L'ouvrier n'est en rapport, s'il le désire, qu'avec son association. L'association reçoit ses cotisations, s'il le faut, semaine par semaine ; elle en sépare ce qui est nécessaire pour les primes de retraite ; elle verse ces primes en bloc, aux époques voulues ; est-il malade, une impossibilité accidentelle de travail est-elle survenue, non-seulement l'association y pourvoit par la distribution des secours dont elle est chargée, mais elle peut même venir à son aide , pour que ses versements à la caisse de retraite ne soient pas interrompus.

Les premiers clients pour l'institution des pensions de retraite viendront évidemment de ces associations mutuelles, qui atteindront alors le double but de garantir le travailleur contre les accidents temporaires qui peuvent le frapper, et contre les besoins du temps où il cessera de pouvoir travailler ; c'est par elles, c'est autour d'elles que se fera l'éducation du peuple dans cette voie. Il faut donc les propager par tous les moyens. En Angleterre, elles sont au nombre de douze mille et comptent deux millions d'associés ; combien, en comparant la population de la France à celle de l'Angleterre, ne nous reste-t-il pas à faire!

Que le gouvernement s'attache à multiplier, à bien diriger ces associations; que les autorités municipales, que les chefs d'établissements, de fabriques et d'ateliers, dont l'influence est si directe et si efficace, que tous ceux qui s'intéressent à ce progrès moral et matériel, réunissent leurs efforts ! On aura fait une grande et bonne chose.

En résumé, à l'aide de ces trois institutions : les associations mutuelles de secours, les caisses d'épargne, et la caisse de retraite, on aura fourni à toute personne de la classe laborieuse le moyen de pourvoir, selon les convenances ou les possibilités diverses, à ces trois objets de nécessité absolue ou de grande utilité : d'abord, et avant tout, les secours en cas de maladie ou autres accidents temporaires; en second lieu, la constitution d'un petit capital mobile, toujours prêt à être employé ; et enfin une pension viagère, irrévocablement garantie aux derniers jours de la vie. Le problème, pour l'âge viril et pour la vieillesse du travailleur, sera résolu par des institutions en parfaite conformité avec notre organisation sociale ; et l'on aura, en même temps, rendu à tous ceux qui vivent uniquement de leur labeur, l'immense service de leur apprendre à compter, tout en se secourant les uns les autres, pour le soin de leur destinée, sur eux-mêmes et sur leurs propres vertus.

Le Conseil général du commerce est entré pleinement dans la voie que nous venons d'indiquer, et, conformément aux conclusions de sa Commission, il a adopté les résolutions suivantes :

En ce qui concerne les retraites, le Conseil est d'avis :

1° Qu'une caisse générale de retraite pour les classes laborieuses des deux sexes soit fondée par l'État et placée sous sa garantie, avec une organisation analogue à celle des caisses d'épargne ;

2° Que la pension soit viagère et payable de mois en mois ; qu'elle soit acquise au moyen de versements mensuels continus, l'entrée en jouissance ne devant avoir lieu qu'après un certain nombre d'années à partir du premier versement ; que le *maximum* en soit fixé de manière à ne pas dépasser les besoins alimentaires des classes auxquelles la caisse générale de retraite est destinée ;

3° Qu'exceptionnellement, un *minimum* de pension puisse être acquis par le versement d'une prime unique, le délai qui doit précéder l'entrée en jouissance étant toujours observé ;

4° Que la cessation du payement de la prime pendant un temps à déterminer, donne lieu, à raison des versements effectués, à une liquidation en capital ou en annuités, payables seulement à l'époque et dans les conditions fixées par le contrat primitif ;

5° Que les dispositions de la loi relatives au cas de mariage soient conçues dans le but de resserrer, au moyen soit de placements collectifs, soit de réversibilité totale ou partielle, soit par toute autre mesure, les liens qui unissent les époux, et de fortifier entre eux l'esprit de communauté d'intérêt ; mais que, par exception cependant, et dans les cas où le magistrat le reconnaîtrait nécessaire, elles offrent la possibilité d'assurer séparément les intérêts de chacun des conjoints ;

6° Qu'au décès de chaque contractant une année de la pension soit assurée à sa famille ;

7° Que les tarifs puissent toujours être révisés par la loi ; mais seulement pour l'avenir et sans effet rétroactif sur les contrats antérieurs ;

8° Qu'il soit établi des mesures transitoires qui, par exception aux dispositions générales de la loi, rendent, pendant un délai donné, le bénéfice de la nouvelle institution accessible aux personnes arrivées déjà à un certain âge.

En ce qui concerne les associations mutuelles de secours, existant déjà à Paris et dans plusieurs des principales villes du royaume, le Conseil est d'avis :

1° Que ces associations rendent d'éminents services à la classe ouvrière pour les cas de maladie, blessures, infirmités ou autres malheurs accidentels ;

2° Que le recours qu'elles pourront avoir à la caisse générale de retraite, pour assurer des pensions viagères à leurs membres, aura le double effet d'accélérer le développement de cette institution générale, et d'améliorer en même temps leur propre situation.

En conséquence, le Conseil général du commerce émet le vœu que le gouvernement recherche et prenne les mesures les plus propres à assurer la prospérité des associations de secours existantes, et à en faire créer de nouvelles dans toute l'étendue du royaume.

Le Conseil général des manufactures a voté dans le même sens ; tandis que le Conseil général de l'agriculture a cru devoir se prononcer contre le principe de la fondation et de la garantie par l'État des caisses de retraite proposées.

Espérons que de tels travaux, que de telles résolutions porteront leur fruit, et que le gouvernement, après avoir eu le mérite de mettre ces questions à l'étude des Conseils, poursuivra l'accomplissement de cette œuvre, en faisant rédiger les dispositions précises d'un projet de loi.

ORTOLAN.